CORDT HOBB • KAI FLEMMING

How to #VANLIFE

SURVIVALGUIDE FÜR Camper

LAPPAN

INHALTSVERZEICHNIS

#FIRSTTHINGSFIRST – ALLES EINSTEIGEN ZUM AUSSTEIGEN

HERZLICHEN GLÜCKWUNSCH, Sie haben sich also wirklich für ein Leben in totaler Freiheit entschieden. Sie wollen einfach raus, raus aus dem grauen Alltag, raus aus dem ewigen Trott, raus aus dem großen Einerlei, raus in die wilde Natur – und folgerichtig rein in den Bus. **GENAU FÜR SIE IST DIESES BUCH.** Oder, was auch gut sein kann: Sie blättern gerade in der Wohnung von Freunden in diesem Büchlein; während die Armen frierend und hungrig irgendwo draußen in der Pampa (War es Norwegen? War es Kroatien? Das haben Sie vergessen) allein darauf warten, dass Sie endlich den Zweitschlüssel für deren alten VW-Bus finden, damit Sie ihn schnellstmöglich nach Norwegen(?) oder Kroatien(?) schicken!
Für Sie ist dieses Buch eigentlich nicht. Aber sei 's drum, wie Ihre Van-Freunde sicher wissen, ist die oberste Regel des VanLife „locker bleiben" (s. **#LOCKERBLEIBEN**) – alles Weitere erklärt Ihnen dieses Buch.

VIEL SPASS UND ABFAHRT!

#VANLIFE – WAS IST DAS EIGENTLICH GENAU?

VANLIFE IST DAS DING DER STUNDE, der gesellschaftliche Megatrend, die soziale Bewegung. Es ist die hohe Kunst des Minimalismus, die schiere Freude am einfachen Leben und die unbändige Lust auf Abenteuer. Und ja, VanLife ist auch ein effektvoller Hashtag in sozialen Netzen (s. **#INSTAGRAM**). Hippe junge,

wunderschöne Menschen trinken vor bunten Bussen köstlichen Kaffee.
Fair-Trade? – Na klar doch.

Lassen Sie sich von den vielen schönen Bildern von den vielen noch schöneren Menschen aber nicht täuschen: Mit der Realität hat das meist wenig zu tun. Das fängt bereits beim Kaffee an. Damit Sie dennoch nur das Allerbeste aus Ihrem Trip – und aus Ihren Instagram-Storys – rausholen, haben wir hier die wichtigsten Tipps zu den wichtigsten Themen zusammengestellt.

#EIGNUNGSTEST – VAN NICHT SIE, WER DANN?

DAS GROẞE ABENTEUER WARTET! Und es wartet bestimmt auch noch ein paar Minuten länger, keine Hast also (s. **#LOCKERBLEIBEN**).
Nutzen wir die Zeit, machen vor dem Start erst mal einen kleinen Test und schauen, ob Sie der geborene VanLifer sind oder ob Sie vielleicht lieber einen von TUI detailliert durchorganisierten Pauschalurlaub mit 24/7-Büffet buchen sollten.
WIR KENNEN SIE JA NOCH GAR NICHT. Und seien wir mal ehrlich: Manchmal kennt man sich selber doch gar nicht!
Damit Sie von Ihrem wahren Ich nicht erst beim VanLife-Trip überrascht werden, beantworten Sie sich die folgenden Fragen unbedingt schonungslos ehrlich:

1. Gehen Sie gerne aus dem Haus?

- ❍ *Ja, klar! Gehen? Rennen! Ich renne förmlich hinaus!*
- ❍ *Nein, wohin denn auch – und warum nur?*

2. Sind Sie gern draußen in der freien Natur?

- ❍ *Ja, der Film „Cast Away" ist quasi die Verfilmung meines Lebens!*
- ❍ *Nein, so überhaupt gar nicht!*

3. Erleben Sie gern neue Abenteuer?

- ❍ *Ja, wenn ich zwischen Bungee Jumping und Shark Diving dazu komme.*
- ❍ *Nein, bitte nicht, hab jetzt schon Angst!*

4. Schätzen Sie das einfache Leben, fern von hohen Ansprüchen, frei, ungebunden und mit reichlich Platz für jede Menge spontaner Ideen und Spaß?

- ❍ *Ja!!! Musste das Buch nur kurz ein halbes Jahr weglegen, weil ein flüchtiger Bekannter mich zu einem Fahrradtrip durch Europa eingeladen hat.*
- ❍ *Nein, nichts davon! Ich beantworte grundsätzlich keine Fragen aus Büchern, die nicht aus Blattgold bestehen!*

5. Haben Sie bereits erste Camping-, Wohnmobil- oder gar VanLife-Erfahrung?

○ *Ja, zuerst verstörende Erlebnisse mit den Eltern an der Ostsee und seit einigen Jahren regelmäßig ohne Eltern unterwegs!*

○ *Nein, aber ich habe mal nach einer Verlobungsfeier von Freunden im Auto geschlafen, weil ich zu geizig war für ein Hotel. Nie wieder!*

6. Nutzen Sie Instagram?

- ❍ *Ja, immer. Ständig. Ich liebe es! Moment, ich check mal kurz ... So, da bin ich wieder.*
- ❍ *Nein, aber meine Ur-Enkelin hat mir auf ihrem tragbaren Telefonapparat einmal Lichtbilder von kleinen Hunden gezeigt. Die waren süß.*

7. Haben Sie einen Führerschein?

- ❍ *Ja, natürlich. Autofahren ist mein Ein und Alles. Gerade jetzt bin ich unterwegs und blättere in diesem Buch.*
- ❍ *Nein, bzw. doch. Immer mal wieder. Gerade ist er aber für längere Zeit weg. Wieso?*

8. Besitzen Sie eine Lichterkette?

- ❍ *Ja, mehrere! Eine trage ich gerade jetzt! Ich liebe sie!*
- ❍ *Nein, aber ich war mal Teil einer Lichterkette, als wir in den späten 80ern Hand in Hand gegen den Ausbau der A7 demonstriert haben.*

AUSWERTUNG

ALLE FRAGEN MIT „NEIN!"
ERGEBNIS: #SUCHENEUEFREUNDE

Ähm, tja die eigentliche Frage lautet wohl: Wer zum Kuckuck hat I H N E N dieses Buch geschenkt? Lesen Sie trotzdem bitte weiter (**#RAUSAUSDERFILTERBLASE**).

ALLE FRAGEN MIT „JA!“ ERGEBNIS: #BINMALEBENWEG

Mehr VanLife geht nicht. Sie wurden wahrscheinlich schon in der Kamasutra-Position „Campingstuhl“ gezeugt, Ihnen fließt Benzin durch die Adern – oder sogar schon Hafermilch? Sie sind so was von bereit. Lesen Sie jetzt bloß schnell weiter und dann nichts wie raus in die Natur. Die Welt erwartet Sie mit offenen Armen.

IRGENDWAS DAZWISCHEN. ERGEBNIS: #HOPFENUNDMALZSINDNOCHNICHTVERLOREN

Okay, gut, damit können wir doch arbeiten. Die Natur ruft auch nach Ihnen, Sie haben es aktuell vielleicht nur noch nicht wahrgenommen – ist aber auch schwer, bei dem Vogelgeschrei! Das kriegen wir hin. Einfach weiterlesen, dann sind Sie ruck zuck back on track!

#MAKETHEDIFFERENCE – DON´T CALL IT WOHNMOBIL!

WAS UNTERSCHEIDET DENN eigentlich den guten alten Campingurlaub von diesem neumodischen VanLife? Zugespitzt gefragt. Man fährt doch in beiden Fällen mit Sack und Pack irgendwohin, hält dort dann an und verbringt Zeit in seinem Wohnmobil. Ist das nicht genau das Gleiche, nur eben mit neuem, coolem Namen?
Ähm ... was? ... ja ... erwischt! Aber stopp, das ist doch gar nicht die Frage!
Der Unterschied hier ist ein ganz anderer: **SIE!**

SIE SIND VANLIFE!

Sie sind easy drauf (s. **#LOCKERBLEIBEN**), sind flippig und fotogen (s. **#INSTAGRAM**). Sie gehören doch gar nicht zu denen, die abends vor dem Wohnmobil sitzen und Bierchen trinken.
Nein, Sie nicht. Sie sitzen nämlich abends vor Ihrem VAN und trinken CRAFT-BEERCHEN!
So nämlich!

Merken Sie den Trick? Es ist ein kleiner, aber feiner Unterschied und daher die Bitte:
Das Wort „Wohnmobil“ kann und darf nie fallen. Streichen Sie es aus Ihrem Wortschatz. Sie reden ab jetzt bitteschön nur von VAN oder vom BUS oder, wenn’s spaßig werden soll, auch mal vom BUSSI.
Erst so wird wirklich jedem unmissverständlich klar, dass SIE cooler VanLifer sind und nicht etwa ein oller Wxxx-Mxxxxx-Langweiler.

Setzen Sie als Erstes ein deutliches Zeichen: Platzieren Sie bitte im Heckfenster gut sichtbar für alle eine Lichterkette (s. **#LICHTERKETTE**).

FAUSTREGEL:
WOHNMOBILE FAHREN IMMER DIE ANDEREN!

#WhoIsWho – Welcher VanLifer bin ich?

VanLifer sind eine Spezies für sich.

Und für Sie – denn bald gehören Sie dazu. Aber wozu eigentlich? VanLife kann natürlich jeder leben, wie er will (s. #LOCKERBLEIBEN), jedoch lassen sich bereits vier Hauptvertreter dieser Gattung ausmachen. Sie unterscheiden sich an den großen Fragen, die sie an das Leben stellen:

HAB ICH ZU HAUSE DEN HERD AUSGEMACHT?

HAB ICH IM BUS DEN HERD AUSGEMACHT?

HAT UNSER BUS EIGENTLICH EINEN HERD?

WO BIN ICH EIGENTLICH?

DIE VIER #VANLIFE-TYPEN

DAS-ERSTE-MAL-#VANLIFER

IM-BUS-WOHNEN-#VANLIFER

HAT-EINEN-BUS-VOR-DER-TÜR-STEHEN-#VANLIFER

FÜR-IMMER-UNTERWEGS-#VANLIFER

DAS-ERSTE-MAL-#VANLIFER

Beim Ersten-Mal-VanLifer ist die Aufregung noch groß und die Social-Media-Welt gut über den kommenden Trip informiert. Der Style stimmt, die Powerbanks sind vollgeladen und die wichtigsten Hashtags sind abfragesicher.

VIEL SPASS BEI IHREM ERSTEN VAN-TRIP!

IM-BUS-WOHNEN-VANLIFER

Der Im-Bus-wohnen-VanLifer versteht die Aufregung um den angeblich so neuen Trend „VanLife“ gar nicht. Man erkennt diesen Typus vor allem an zwei Dingen: Beim Ausruf „Hier gibt’s kein Internet!“ zuckt er nicht blitzartig zusammen und bekommt keine hektischen Flecken.

Zudem erkennt man die Spezies am ehesten an der authentischen Patina, die sich über die Jahre im Bus von ganz allein an ihm und am Van abgesetzt hat.

Hat-einen-Bus-vor-der-Tür-stehen-VanLifer

Innerhalb dieser Spezies gibt es große Unterschiede. Man teilt sie auf in zwei Typen. Typ 1 ist der „Ist schön, so einen Van zu haben, aber zum Fahren viel zu schade. Wenn er gut geparkt ist, macht er sich dennoch gut als Sonnenschutz für meinen Lamborghini"-Typ und Typ 2 hört man oft sagen: „Ich schraub da dran rum! Das ist meine Leidenschaft. Die ganze Inneneinrichtung hab' ich selbst gebaut. Geil, oder?!"

Für-immer-unterwegs-VanLifer

Dieser VanLife-Typ ist irgendwann in den 70ern mal losgezogen. Wild und frei und mit Blumen in den Haaren. Im Van des Für-immer-unterwegs-VanLifers wurden schon Kinder gezeugt, Hochzeiten gefeiert, Scheidungen eingereicht und „Pflanzen" gezüchtet.

Wie geil ist das denn? Alles aus Europaletten!

#MYVANISMYCASTLE – VIER RÄDER FÜR EIN HALLELUJA!

NACHDEM WIR SIE AUF Eignung geprüft und Ihren VanLife-Typ ermittelt haben, kann es nun endlich losgehen! On the Road, Leute! Hinter dem Ortschild beginnt das Outback. Aber Momentchen mal, fällt Ihnen nichts auf? Sie haben ja gar kein Fahrzeug. So geht's nicht!

Obwohl VanLife im Wesentlichen eine Kopf- und Herzenssache ist, brauchen Sie früher oder später nun mal einen Van, Sie wollen ja auch authentisch bleiben.

GENERELL GILT:
IN IHREN VAN MUSS ALLES REINPASSEN.

PROFITIPP: WENN ALLES DRIN IST, MÜSSEN SIE SELBST AUCH NOCH REIN!

Viel wichtiger als ausreichender Stauraum ist allerdings der Look Ihres Vans (s. **#INSTAGRAM**). Ihr Vehicle muss ordentlich nach was aussehen: Gern schön bunt und gut benutzt. Richtig gelebt und geliebt.

WELCHE FAHRZEUGE KOMMEN ALSO INFRAGE?

Zur Wahl stehen überhaupt nur zwei Optionen.

1. DER ALTE

Ein alter VW-Bus ist ganz klar der Goldstandard des VanLife. Der sieht gut aus und macht auch Sie, obwohl

Sie unter der Woche bei der Bank hinten im Eckbüro seelenlos und halbherzig die Anlagegeschäfte betreuen, – zack! – zum Hippie.
Ein alter Bus sichert Ihnen gleichsam die direkte Aufnahme in die meist dünnen, aber einnehmenden Arme der weltweiten VanLife-Community. Man kommt so was von S O F O R T ins Gespräch (s. **#GRUNDWORTSCHATZ**).

2. DER NEUE

Auch gut bzw. viel besser, denn mit einem Neuwagen sehen Sie einen Sonnenaufgang öfter am Strand als in der Werkstatt.
Ein neuer Bus muss aber aus Glaubwürdigkeitsgründen unbedingt auf Gut Genutzt, Eingelebt und „Was interessiert es mich, seh ich etwa aus wie ein Spießer?“ getrimmt werden.

ALSO WERDEN SIE KREATIV!

VanLife beginnt nämlich schon bei der Vorbereitung. Lieblicher Flugrost lässt sich zum Beispiel mit rotbrauner Farbe gut simulieren. Übertreiben Sie aber bitte nicht: Motor und Getriebe müssen nicht extra auf alt getunt werden. Die sieht niemand (s. **#INSTAGRAM**) – außer die beim TÜV.

Ewige Klassiker und Quasi-Standards sind **Länderaufkleber** auf der Heckscheibe und/oder ein **Surfbrett** auf dem Dach. Sie müssen weder weit gereist sein noch surfen können, beides gibt es günstig bei eBay!

PROFITIPP: SPARFÜCHSE KAUFEN IN DER WINTERZEIT!

#LOCKERBLEIBEN – EINFACH MAL DEN GANG RAUSNEHMEN – ABER NICHT WÄHREND DER FAHRT!

VANLIFE IST EIN LIFESTYLE, das heißt im Wesentlichen, dass Ihr Life Style bekommt (s. **#INSTAGRAM**).

Kulturhistorisch hat VanLife seine Ursprünge in der Hippie- und Surfer-Szene. Und da müssen Sie auch hin – zumindest mental. Um dieses Ziel zu erreichen, lautet die oberste Regel: **Locker bleiben!**

Egal, was auch passiert, es passiert eben. Alles fließt und Sie fließen einfach mit – außer im Stau! Aber selbst den können Sie ab jetzt mit Ihrer coolen Attitüde einfach weglächeln.

Sie schwimmen gegen den Strom, indem Sie mit dem Strom schwimmen. Die Farben sind bunter, die Nachbarn gar nicht mehr so nervig und auch das frühe Aufstehen ist auf einmal gar nicht mehr so schwer (**TIPP: MATRATZE CHECKEN**).

PROFI-TIPP: EXTREM-VANLIFER SIND SO ENTSPANNT, DIE FAHREN ERST GAR NICHT MEHR LOS.

#FOREVERANDEVER – VANLIFE ODER VANWOCHENENDE?

ES GILT: VANLIFE FOREVER! Das liest sich super auf Autoaufklebern! Aber forever ist eben doch eine lange Zeit. Gerade in so einem kleinen Bus. Deshalb überlegen Sie gut, wie weit Sie gehen bzw. fahren wollen. Übers Wochenende oder bis ans Lebensende, die Entscheidung liegt bei Ihnen – alles hat seine **Vor-** und **Nachteile:**

1. OPTION: DAS WOCHENENDE – FREITAG HIN, SONNTAG WEG

Die Vorteile:

- Sie sind zum „Tatort“ wieder zurück.
- Mit gutem Timing, der richtigen Ernährung, etwas Übung und der nötigen Willenskraft können Sie sogar den Stuhlgang bis nach Hause „retten“. Diese „Heim-Klo-Taktik“ spart Ihnen beim Innenausbau bares Geld, nur die Reise könnte insgesamt ein wenig verkrampft werden.

Die Nachteile:

- Sie sind zum „Tatort" wieder zurück.
- Die Zeit reicht kaum für einen Dreitagebart (s. #INSTAGRAM). Schon gar nicht als Frau.
- Sie fragen sich volle zwei Tage, ob das Bügeleisen wirklich aus war.

2. OPTION: DIE FERIEN – WEG VON JUNI BIS AUGUST

Die Vorteile:

- Sie sind der Reiseleiter und machen das Programm.
- Kein Pauschaltourismus, nix da überfüllte Strände!
- Ans Meer oder in die Berge? Nach Norwegen oder nach Portugal? Allein die Frage, ob Sie das alles an einem Tag schaffen, verbietet sich (freie Straßen vorausgesetzt).

Die Nachteile:

- Jemand muss daheim die Blumen gießen.
- Sie fragen sich zwei Monate lang, ob das Bügeleisen wirklich aus war.

3. OPTION: DAS LEBEN – VON JETZT BIS IMMER

Die Vorteile:

- Rein in den Van und „Ciao, Kakao, ihr Pappnasen!“
- Jeder Tag ein neues Abenteuer.
- Die ganze Welt gehört Ihnen.
- Niemand muss mehr die Blumen gießen.
- Sie können Ihr Haus verkaufen, den ganzen Ballast abschmeißen. Auch das Bügeleisen!

Die Nachteile:

- Muss man mögen.
- Nicht nur der Öl-, nein auch der Kontostand muss stimmen. – Oder anders ausgedrückt: Sie brauchen mehr Kohle als Benzin!
- Ewig ist eine echt lange Zeit.

PROFI-TIPP: INFORMIEREN SIE VOR FAHRTBEGINN FREUNDE UND BEKANNTE VON IHREM LANGZEIT-TRIP, DAMIT MAN SIE NICHT FÄLSCHLICHERWEISE FÜR TOT ERKLÄRT. DIES IST VERSICHERUNGS-RECHTLICH SPÄTER UNNÖTIG KOMPLIZIERT.

NICHT VERGESSEN:

Van

HIER LIEGT DIE LATTE ABER HOCH!

FINDE DEN SCHNELLSTEN WEG ZU DEINER SOJA-LATTE!

#NEXTDESTINATION – DIE REISEZIELE

GENERELL GILT BEIM VANLIFE das ewige Aussteigermotto: **Der Sonne entgegen.**

Aber solange uns Elon Musk noch keine Straße dahin gebaut hat, müssen Sie erst mal diesen Planeten nehmen. Hier eine kurze Destinationsübersicht und Pack-Checkliste:

DEUTSCHLAND

Deutschland liegt natürlich nahe. Genau genommen sind Sie ja auch schon da. Machen Sie es sich aber nicht zu einfach: Fahren Sie zumindest so weit raus, dass die Nachbarn Sie nicht mehr sehen können. Gleich hinter dem Stadtrand können Sie Ausrüstung, Fahrkönnen und Beifahrereignung auf Herz und Nieren prüfen.

Deutschland hat wirklich viele schöne Ecken und es

erstreckt sich von oben im Norden bis ganz runter nach Süden bzw. von Westen bis ganz rüber nach Osten. Und irgendwo mittendrin ist Ihr Happy-Place. Genaueres entnehmen Sie bitte einer aktuellen Landkarte.

Abgesehen vom eigenen Grundstück darf man allerdings in Deutschland nicht wild rumparken, deshalb genießt Deutschland in der VanLife-Szene nicht den aller exotischsten Aussteiger-Ruf. Ebenfalls ist es unverhältnismäßig schwer, mit Bildern von Timmendorf oder dem Sauerland die Followerschaft nachhaltig zu beeindrucken (s. #INSTAGRAM). Für den ein oder anderen

ist es aber ein riesiger Vorteil, dass keine Fremdsprache erlernt werden muss – ausgenommen, Sie wollen nach Bayern (Sapperlot!).

PACK-CHECK DEUTSCHLAND

- PIN deiner EC-Karte
- EC-Karte
- Handy
- Vereinbartes Safeword (falls ein VanBuddy mitkommt (s. #VANBUDDY)
- Mitgliedschaft im Automobilclub
- Adressen von Freunden, um Postkarten zu schreiben
- Salz und Pfeffer
- Buch „How to #VanLife"

EUROPA

Hand aufs Herz: Europa als Kontinent ist zwar schon lange kein Geheimtipp mehr, aber immer eine Reise wert. Europa ist die Heimat des Triumphbogens, des spanischen Erbfolgekriegs und vieler guter regionaler Süßspeisen – um nur einige Highlights zu nennen.

Unterschiedlichste Persönlichkeiten wie Napoleon oder Roger Federer sind genau hier geboren. Europa erwartet Sie jederzeit mit offenen Armen und einem überwiegend gut ausgebauten Straßennetz, das Sie nur zu gern an die Orte Ihrer Träume führt. Was will man mehr? Eben.
Obwohl wir hier nicht zu sehr ins Detail gehen können, möchten wir noch einige Länder nennen: Irland und Italien.

Für eine sichere Reiseplanung sollten Sie aber noch ein wenig mehr Informationen einholen.

PACK-CHECK EUROPA

- PIN deiner Kreditkarte
- Kreditkarte
- Mobiltelefon (bevor es peinlich wird: Ausschließlich in Deutschland sagt man „Handy“ zu einem Mobiltelefon. Sprechen Sie im Ausland also immer nur von „mobile phone“ oder „cell phone“.
- Grundwissen über Ihr Fahrzeug und die wichtigsten Werkzeugbegriffe auf Englisch
- Adressen von Freunden, um Postkarten zu schreiben
- Eine Knoblauchpresse
- Buch „How to #VanLife“

DIE GANZE WELT

Die Panamericana! Das goldene Dreieck! Das australische Outback! Na, wie klingt das für Sie, hmmm?
Wenn es für Sie nach Papageien-Geschrei klingt und nach Kängurukot riecht, dann sollten Sie den Kompass

„So, so, mit einem Unimog braucht man kein Navi. Und jetzt?“

und zwei bis drei Sprachführer einpacken und los! Ab in die weite Welt! Das wird neidische Kommentare in den sozialen Netzen geben! Es sei denn, Ihre Follower sind eher vom Typ „Lastenrad! Weil Auto zu schädlich“, dann überlassen Sie die Fernziele lieber den Leuten vor Ort, die sind schon da und es spart weltweit allen Nerven und Benzin – und senkt ja auch die CO_2-Belastung.

PACK-CHECK WELT

- Telefonnummer eines vertrauten Menschen, der Ihnen via Western Union etc. Geld anweisen würde
- Mobile phone
- Alle möglichen Adapter-Aufsätze
- Werkzeug und Anleitungen, um gegebenenfalls die Lichtmaschine selbstständig reparieren zu können
- Kevin, falls vorhanden
- Freunden Bescheid sagen, dass du abhaust, damit man dich nicht vermisst und für tot erklärt
- Pumpernickel und Fleischwurst
- Wohnung vermieten
- Buch „How to #VanLife“

PROFI-TIPP: INSELN SIND BELIEBTE DESTINATIONEN DER VANLIFE-SZENE (s. #INSTAGRAM), SIND ABER MIT DEM BUS NICHT DIREKT ZU ERREICHEN. BITTE RISKIEREN SIE HIER NICHTS! SIE BRAUCHEN AUF JEDEN FALL EIN GÜLTIGES FÄHRTICKET – UND EINE FÄHRE!

#PROBEFAHRT – BUS DAS WIRKLICH SEIN?

ES MUSS JA NICHT GLEICH der eigene Bus sein. Was, wenn Ihnen das nachher alles gar nicht gefällt? Die Enge in dem Ding, die Socken, die überall rumliegen, die Beifahrer, die überall rumliegen. Dann steht der Bus da in der Einfahrt rum und erinnert Sie jeden Morgen, an dem Sie sich doch wieder nur ins Büro

schleppen, an das wilde Leben, an all die Orte, an denen Ihre Träume spielen, an all die Abenteuer, die Sie verpassen. So ein Mahnmal des Scheiterns vorm Carport, das will keiner!

Besser wäre doch, man testet das vorher erst mal schön in Ruhe. Und dazu eignet sich am besten der gute alte ÖPNV! Sie werden lachen, die Jungs und Mädels da haben nämlich auch Busse, und was für welche: Riesenbusse. Und es gibt sogar jemanden, der Sie fährt.

Zum ersten vorsichtigen VanLife-Kennenlernen reicht das also: Tageskarte statt Landkarte. Alles einsteigen bitte! Gehen Sie an die Grenzen des kommunalen Personentransports.

PROFI-TIPP: KOMMEN SIE AUßERHALB DER STOßZEITEN UND LASSEN SIE SICH AN DEN RAND DES VERKEHRSNETZES BRINGEN. „GROßRAUM DREI" GILT DEM GEMEINEN STÄDTER SCHON ALS WILDERNESS.

#BETTERBEPREPARED – DIE RICHTIGE AUSRÜSTUNG

„SCHATZ, WO IST DENN die glutenfreie Hafermilch?“
„Ein voller Van ist besser als ein leeres Schloss“, besagt eine selbst ausgedachte Redensart. Aber was muss alles mit für den großen Trip? Wir haben Ihnen eine kleine Checkliste vorbereit.

„Wir müssen ab jetzt im Zelt schlafen. Dafür können wir endlich unsere Bettwäsche waschen.“

Das Wichtigste:

Schnell werden Sie erkennen, dass eine **TOILETTE** und eine **DUSCHE** schöner sind als der schönste Sonnenuntergang. Leider weniger fotogen, weshalb viele VanLifer darauf verzichten. Großer Fehler! Eine gute Nasszelle ist kein Luxusgut, sondern so richtig gut. Reden Sie trotzdem nicht drüber; die anderen VanLifer rennen Ihnen sonst die nicht vorhandene Badezimmertür ein.

Was Sie auch brauchen:

- Autoschlüssel
- Führerschein
- Reisepass (falls Sie richtig in Fahrlaune kommen)
- Impfpass (falls sie richtig, richtig in Fahrlaune kommen)
- Landkarte (wobei, Sie haben eh ein Handy dabei (s. **#INSTAGRAM**).
- Grundwissen über Ihr Fahrzeug. Erkundigen Sie sich in Foren, wo die Schwachstellen Ihres Busses sind, damit Sie wenigstens eine leichte Ahnung haben, worüber Sie mit dem Mechaniker in einem fremden Land reden werden.
- Unterhosen (welche, die beim Sitzen nicht kneifen)

WICHTIG: Es kann sein, dass es dort, wo sie hinfahren, K E I N W L A N gibt. Immer wieder hört man diese fürchterlichen Horrorstorys! Jetzt sagen Sie: D A fahr ich sowieso nicht hin, ich muss doch was posten (s. **#INSTAGRAM**). Richtig so. High Five! Es kann losgehen.
Und nicht zuletzt: Dreihundert Euro für eine schöne Nacht im Hotel. Soll ja auch Spaß machen.

Aber morgen gehen wir wieder essen, ja?

#DASGESETZDERSTRASSE – GANZ IM HIERARCHIE UND JETZT

WENN MAN KILOMETER REIẞEN will, dann muss man auf die Autobahn! Klar, den Charme einer Landstraße kann die Autobahn nicht bieten, will man aber von München auf die Lofoten, von Hamburg ins Languedoc oder von Wien in die Bretagne, dann sind das zu weite Wege, um sich mit dem Sprichwort „der Weg ist das Ziel“ über Wasser zu halten.

Also, rauf auf die Schnellstraße!

Aber, das ist gar nicht so einfach, denn **hier herrscht die Hierarchie der Motorleistung.**

Die rechte Spur gehört den Lastwagen, die mittlere den Rentnern und Zauderern, die linke den Rasern. Wo sollen Sie sich da einordnen?

Wir haben nachfolgend eine kleine Orientierungshilfe für Sie zusammengefasst:

- Wenn Sie einen sehr traditionellen Bus fahren, einen alten Transit oder einen T1, dann – herzlichen Glückwunsch – ist die rechte Spur für Sie reserviert! Denn, wer so langsam fährt, dass er sogar von

Lkws überholt wird (eigentlich die Höchststrafe des Straßengesetzes), der scheint **#LOCKERBLEIBEN** verinnerlicht zu haben. Außerdem können Sie sehr stolz darauf sein, solch einen schönen Wagen zu fahren.

- Sie fahren ein neueres Modell? Dann können Sie entspannt zwischen rechter und mittlerer Spur wechseln. Wahrscheinlich besitzen Sie sogar eine Klimaanlage (**#LEIDERGEIL**)! Als FahrerIn eines solchen Wagens müssen Sie jedoch besonders auf der Hut sein, denn die anderen Verkehrsteilnehmer, Insekten und Vögel können Ihren Van speedtechnisch in der Regel nicht einordnen. Sind die jetzt schnell oder langsam? Sind Sie Rentner oder Raser? **Für Sie heißt es deshalb Obacht beim Überholmanöver!**

- Sollten Sie zu denjenigen VanLifern mit einem ultraneuen Super-Van mit allen Extras zählen, dann stellt sich nur eine Frage: Was machen Sie beruflich? Antworten und Fotos dürfen gerne unter dem Hashtag **#ICHMACHDICHNEIDISCHDUKLEINERSCHREIBERLING** auf Instagram geteilt werden.

#MUTTERNATUR – WIE MAN IN DEN WALD HINEINFÄHRT …

SIE WOLLEN NATUR, KLAR. Aber will die Natur Sie auch? Sie sollten beachten, dass Sie sich ein neues Hobby gesucht haben und nicht Mutter Natur! Im Gegensatz zu Ihrer eigenen Mutter (Grüße!), die auf Fotos mit Hashtag **#CAMPWITHAVIEW #COFFEEAND-SUNSET** oder **#HANGLOOSE** selten zu sehen sein wird,

ist Mutter Natur immer voll im Bild – als Ihr ständiger Begleiter und liebstes Motiv.

Und damit diese nicht zur bösen Schwiegermutter mutiert, gilt:

WIE MAN IN DEN WALD HINEINFÄHRT, SO FÄHRT MAN AUCH WIEDER RAUS!

Generell ist VanLife als Gesamtkunstwerk zu betrachten, das durch ein sensibles und verwobenes Gerüst aus „Achtsamkeit", „Nachhaltigkeit", „Wellness", „Instagram" und „Klimaschutz" zu Ihrer Bühne wird, auf der Sie leichtfüßig UND OHNE WAS UMZUSCHMEISSEN tanzen können sollten.

Flora und Fauna sind beide stets pfleglich zu behandeln, selbst wenn ein Waschbär Ihnen die ganze, mit so viel Liebe gestaltete Van-Inneneinrichtung zerpflückt hat oder eine dicke alte Eiche Ihnen die Sicht auf einen wunderschönen See und damit die Chance auf DAS Insta-Motiv nimmt. Auch wenn es jetzt in den Fingern zuckt, lassen Sie die Axt im Van, atmen Sie tief durch und sagen Sie drei Mal im Inneren zu sich: „Für alles gibt es einen Filter."

Beherzigen Sie immer die DREI „F“ des VanLife:

1. FAHREN SIE JA NICHTS UM!
2. FALLEN SIE JA NICHT DUMM AUF!
3. FOTOGRAFIEREN SIE JA ALLES!

Und profitieren Sie von der Geschichte! Denn schon vor Zehntausenden von Jahren haben Menschen draußen in der Natur gelebt.

Zugegebenermaßen anfangs eher unfreiwillig, ohne Auto und WLAN, aber mit sehr viel Zeit, um nicht nur Beeren, sondern auch Erfahrungen zu sammeln und aus diesen **ZEITLOSE VANLIFE-LEITSPRÜCHE** zu formen. Die wichtigsten haben wir für Sie zusammengefasst:

ES GIBT VIELE WEGE ZUM GLÜCK, DIE WENIGSTEN SIND ASPHALTIERT.

LIEBER 1000 STERNE AM HIMMEL ALS FÜNF AN DER HOTELTÜR.

CAMPING IST DER ZUSTAND, IN WELCHEM DER MENSCH DIE EIGENE VERWAHRLOSUNG ALS ERHOLUNG EMPFINDET.

DAS PARADIES HAT KEINE AUTOBAHNABFAHRT!

#SHHH... – WAS VANLIFER NIE SAGEN WÜRDEN

„Wann macht das BÜFFET auf?“

„Ich möchte die REISELEITUNG sprechen. Sofort!“

„Ich habe HEIMWEH.“

„Typisch, die ENGLÄNDER haben schon wieder alle Liegen am Pool reserviert.“

„Menno, DIE ÜBER UNS trampeln schon wieder mit ihren Clogs auf dem Fliesenboden.“

„Mein Zimmer hat gar keinen MEERBLICK.“

„Wie bitte? Das ist ja 10 KILOMETER entfernt!“

„Ich bin so busy, in einer halben Stunde ist POOLGYMNASTIK.“

„Du bleibst heute auf deinem ZIMMER.“

„Schon wieder keine KNOBLAUCHPRESSE in der Küche.“

#EATSLEEPDRIVEREPEAT – NATUR GENIESSEN

JEDES LAND WILL – und muss! – auch kulinarisch entdeckt werden. Von Ihnen. Also raus aus dem Wagen und rein in den Magen! Machen Sie die Straßenkarte zur Speisekarte. Lassen Sie sich die ganze Welt auf der Zunge zergehen. Und wir reden hier nicht von Fischrestaurants mit Meeresblick. Das ist was für Touristen. Doch nicht für Sie.

Die Grenzen vom lockeren VanLife zum harten Survival sind traditionell immer schon fließend. Und für Grenzgänger wie Sie ja wohl mehr als eine Einladung zum Rüberschwimmen.

Also schauen Sie sich um im wilden Garten von Mutter Natur! Laben Sie sich ausgiebig am reichhaltigen Menü

der örtlichen Flora! Exotisch wird hier aufgetischt. Als echter VanLifer sind Sie eh Veganer oder zumindest Vegetarier. Leben Sie einfach direkt vom Land in den Mund. Das entlastet auch die Urlaubskasse. Knabbern Sie sich mal ordentlich durch – vom Stellpatz rüber zur Hauptstraße und wieder zurück.
Grundsätzlich gilt nämlich: **Erst mal ist alles essbar!** Es kann halt nur sein, dass es scheußlich schmeckt, überraschend giftig ist oder gar tödlich.

PROFI-TIPP! INFORMIEREN SIE SICH BITTE AUS SERIÖSEREN QUELLEN ALS AUS DIESEM BÜCHLEIN HIER. BESONDERS DANN, WENN IHR VAN KEINE EIGENE TOILETTE BESITZT. ODER GERADE DANN!!!

#CRYBABY – THAT'S VANLIFE, BABY!

IMMER MAL WIEDER LIEST man von ihnen: braun gebrannte Aussteigerpärchen, die mit vier, fünf – ach, was reden wir hier: ACHT! – mit acht eigentlich schwer schulpflichtigen Kindern gut gelaunt kreuz und quer im Bus über den Globus düsen, um ihnen die Welt vor Ort zu zeigen – das ECHTE LEBEN, live und in Farbe. Diese Eltern erziehen ihre Kids am Strand (Hauptfächer: Wellenreiten und Seelenruhe), kreieren mit einheimischen Schamanen längst vergessene indigene Spezialitäten aus vollmundigsten Kochbananen („Gibt's in Deutschland ja gar nicht!") und intonieren auf knorrigen Didgeridoos und sphärischen tibetanischen Klangschalen The-Doors-Evergreens, deren Kinder indes, in niedliche Leinenklamotten gekleidet und mit viel Pazifiksalz in den wilden Haaren, lernen vor antiken mesoamerikanischen Ruinenstädten Handstand, nur, um wenig später wilde Bärenbabys zu füttern und auf Delfinen zu reiten. Oder umgekehrt.

Kann das wahr sein?

Antwort: Nö!

Dies sind ausschließlich vom Familienministerium perfide platzierte und mit hoch bezahlten Schauspielern inszenierte PR-Artikel, um die Geburtenrate anzukurbeln. Mehr nicht. Und das weiß auch jeder, der mit den Kindern mal zwei Tage an der Ostsee war. Aber hey, versuchen Sie es! Einer ist immer der Erste. *Toi, toi, toi*.

#LICHTERKETTE – ERLEUCHTUNG FINDEN!

DIE LICHTERKETTE HABEN wir bei der Grundausstattung nicht extra erwähnt, aber Sie würden ja wohl auch kaum ohne Lenkrad losdüsen – und haben wir das extra erwähnt? Sehen Sie.
Wenn Ihnen nicht klar ist, warum eine Lichterkette ein existenzieller Bestandteil eines #VanLifes ist, dann empfehlen wir folgende Bücher, bevor Sie mit diesem hier weitermachen: „Jedes Kind kann VanLife lernen" (1912, Outdoor Verlag), „Instagram – richtig posen und posten" (2020, #HashtagVerlag) oder „Die VanLife-Bibel – zwölf Jünger zwischen Campingkocher und Klappstühlen" (1211 v. Chr., Moses Verlag).
Wenn etwas für Freiheitsdrang, Unangepasstheit und Individualität steht, dann ist es – komischerweise – eine Lichterkette!
Wer wann diesen Trend erfunden hat, ist nicht mehr nachzuvollziehen, aber auch völlig irrelevant. Ebenso wie die korrekte Anzahl der Glühlampen.

FAUSTREGEL: JE MEHR GLÜHLAMPEN, DESTO BESSER.

Was einzig zählt: Ohne Lichterkette GEHT ES NICHT. Dann macht ALLES KEINEN SINN. Echte VanLifer verzichten eher auf den Van und auf das Life als auf die Lichterkette.

#KLEINGEGENGROSS – GRÖSSER, SCHNELLER, WEITER?

SO EIN VAN IST KURZGEFASST ein rollendes Bett und VanLife bedeutet kurzgefasst, Sie fahren mit dem rollenden Bett dahin, wo es schön ist, machen Fotos fürs Worldwide Web (s. **#INSTAGRAM**), bleiben stehen und übernachten.

Essen, trinken und spielen kann man draußen unter der Markise. Das Fahrzeug muss also nicht groß sein, um diese Bedürfnisse zu befriedigen. Trotzdem, und das ist der große Spaß dabei, kann man mit Geschick und Tricks allerhand im Bus unterbringen. VanLifer können also müde über den Trend „Tiny House" lächeln. Unser House ist nicht nur „tiny", sondern hat auch vier Räder.

Neben dem Sexyness-Level, der kreativen Gestaltung und der Instagram-Eignung ist die Wagengröße wohl der bedeutendste Unterschied zwischen dem Van und dem Wxxxxxxxxxx. Die individuelle Note bei Letzterem zeigt sich meist nur im Nummernschild oder der Auswahl der Kissenbezüge. Denn das große Raumangebot führt dazu, dass man jegliche Fantasie verliert. Sie als VanLifer werden wissen oder zu schätzen lernen, dass eine neu entdeckte Bodenfalte ein riesiger Raumgewinn

ist, über dessen Nutzen man ein bis zwei Abende lang diskutieren kann (**#SELFMADE**).

Einige Wxxxxxxxxxx enthalten sogar Garagen, in die ein Smart oder ein Motorroller passt. Da fragt man sich doch: Warum? Weil sie so sperrig sind, dass sie in keine enge Gasse passen. Und für den Fall, dass man keinen Stellplatz auf dem London Heathrow Airport reserviert hat, wird man mit Modellen wie „XXL-Dubai-Exklusive-Diamant-Class" wohl auch niemals einen Parkplatz finden.

Der kleine Van dagegen verspricht Freiheit. Kaum länger als ein Kombi, reversiert man auch in Pisa locker in die Parklücke, selbst die engen Gassen in Arles sind höchstens beim Verdauungsspaziergang nach einem üppigen Mittagessen ein Problem.

FÜR VANLIFER HEISST ES ALSO:
KLEINER, SCHNELLER, WEITER!

#TEST: WELCHER

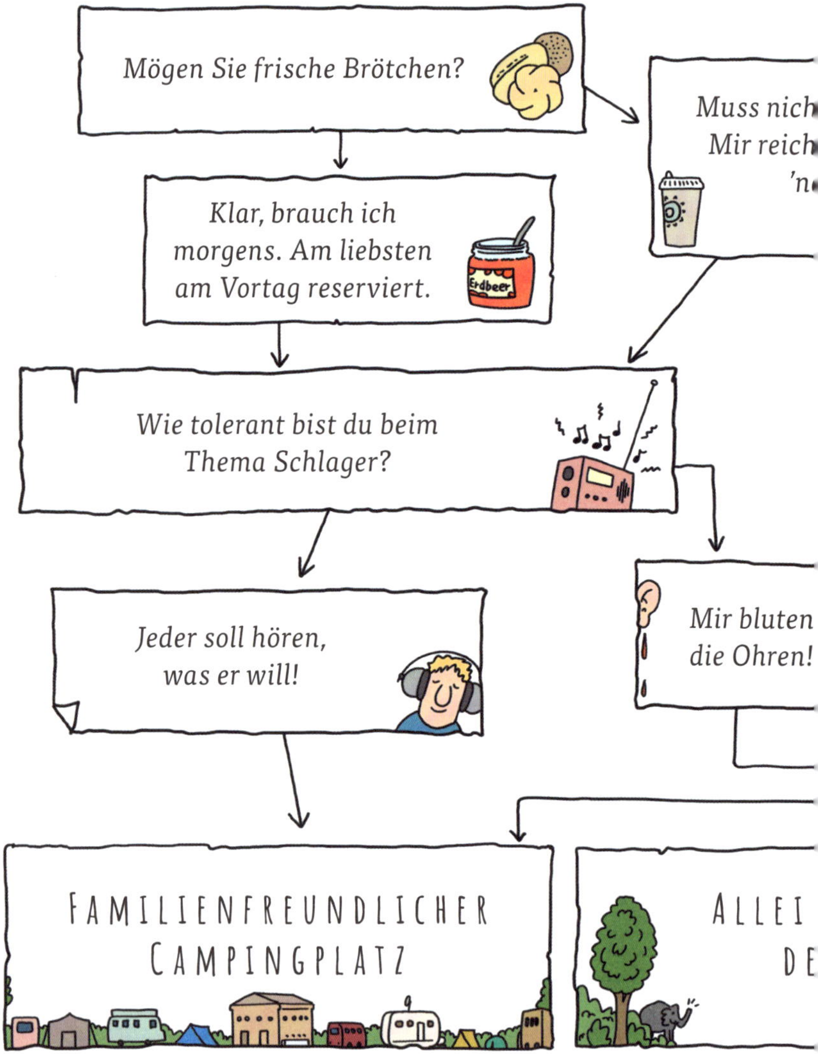

STELLPLATZTYP BIN ICH?

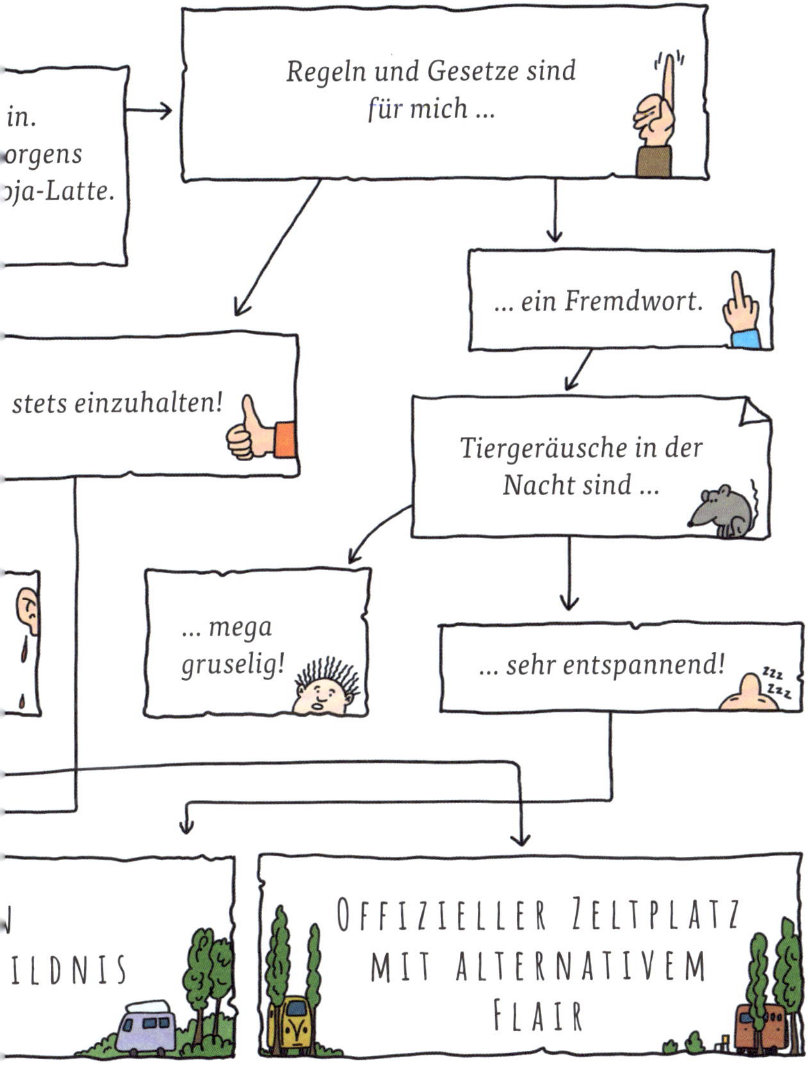

#VANBUDDY – „VORSICHT, LINKS! EIN ELCH ODER SO WAS."

WER LIEST DIE LANDKARTE? Wer sucht die besten Radiosender aus? Wer hüpft eben mal an der Tanke raus und zahlt dann auch noch ohne groß zu murren? Das machen doch wohl nicht Sie? Nein, das macht der Beifahrer bzw. die Beifahrerin – ihr Van-Buddy.

„Einsame Orte werden noch schöner, wenn es zweisame Orte werden" – klar, alles richtig, aber: Prüfe, wer sich ewig bindet! Oder prüfe zumindest, ob du zehn Tage mit deinem Wahl-Van-Buddy reisen kannst.

Und da die Wahl des Mitreisenden weit schwieriger ist als die eines Lebenspartners (isso!), sollte der Test

gründlich durchgeführt werden, denn mehrere Tage in einem Bus aufeinander zu hocken, hat sogar selbst hartgesottenste Rockbands auseinandergebracht. Ein Drama, vor dem wir Sie bewahren möchten!

HIER UNSER BEIFAHRER-TÜV:

1. Kennen Sie Ihre/n zukünftige/n Beifahrer/in bereits?
2. Hat er oder sie keinen Dauerschluckauf?
3. Kann er oder sie einen in schlammigem Untergrund völlig festgefahrenen 1,5t-Van mittels purer Körperkraft herausschieben?

Nur bei drei JA-Antworten sollten Sie Ihrer Wahl vertrauen. Machen Sie sicherheitshalber auch gemeinsam den Probefahrt-Test (s. #PROBEFAHRT).

PROFI-TIPP: VEREINBART AM BESTEN VOR BEGINN DER REISE EIN **SAFEWORD**, DAS IMMER DANN GERUFEN WERDEN KANN, WENN DIE NERVEN BEI IHNEN ODER IHRER BEGLEITUNG BLANK LIEGEN UND JEDE WEITERE DISKUSSION ZU STREIT FÜHREN WÜRDE. SEHEN SIE AM BESTEN VON WÖRTERN WIE „GEISTERFAHRER" ODER „AUFFAHRUNFALL!" AB.

#DAUERCAMPER – CLASH OF CULTURES AUF DEM CAMPINGPLATZ

DAS VANLIFE IST WIE EINE SCHLANGE an der Supermarktkasse. Hier treffen die unterschiedlichsten Kulturen, Generationen und Lebensstile aufeinander.

So soll es sein, Sie sind für alles und jeden offen! Aber, ist auch alles und jeder offen für Sie? Vor allem, wenn Sie auch mal auf Campingplätzen nächtigen wollen, sollten Sie sich auf diese Frage einmal stellen.

Während es Ihnen an der Supermarktkasse egal sein kann, ob ihr Vordermann ein passendes Handy-Ladekabel dabei hat oder ob die Dame hinter Ihnen vielleicht mit einem Müllsack und Kerzen aushelfen kann, sieht die Sache auf dem Campingplatz schon ganz anders aus. Dort müssen Sie sich mit anderen VanLifern und Stellplatzhirschen auseinandersetzen, sie akzeptieren und zur Not auch mit ihnen in Kontakt treten.

Und das sogar, wenn der Stellplatz-Nachbar zum dritten Mal hintereinander Andrea-Berg-Songs grölt oder die Kinder von gegenüber gerade herausgefunden haben, dass man eine Vuvuzela nicht nur mit dem Mund zum Tönen bringen kann (#BOHNENSUPPE).

Wie wir ja schon geklärt haben, gehören Sie ja gar nicht zu den uncoolen Wxxxxxxxx-Fahrern und für Sie kommt das Dauercampen natürlich überhaupt gar niemals infrage, Sie sind ja wild und frei und super abenteuerlustig! Da Ihnen die Spezies „Dauercamper" aber sicherlich das ein oder andere Mal in Ihrem Van-Life begegnen wird, ist es gut, sich vorher über diese Gattung des motorisierten Urlaubers zu informieren.

Der Dauercamper tummelt sich vermehrt auf Campingplätzen, die ein großes Sortiment an deutschsprachigen Zeitschriften und Zeitungen im Camping-Kiosk aufweisen, vor allem die sogenannte BILD-Zeitung scheint hier den Ausschlag zu geben. Auch eine bunte Schar von Gartenzwergen und andere Tonfiguren auf dem Stellplatz weisen auf die Besiedlung eines Dauercampers hin. Wenn der Stellplatzanbieter dann noch frische Brötchen im Angebot hat, die man schon am Vortag reservieren kann, können Sie sich sicher sein, einen Dauercamper anzutreffen.

Wenn Sie mit einem Dauercamper in Kontakt treten, dann wird er Ihnen im ersten Augenblick skeptisch gegenüberstehen. Denn für dieses traditionsliebende Gewohnheitstier sind Sie umherziehendes Volk, das

unnötige Unruhe in den getakteten Alltag bringt. Und Unruhe macht den Dauercamper nervös! Ihr nomadenhaftes Verhalten, Ihre ständige Fragerei: **„Und Sie kommen wirklich schon seit 20 Jahren hier her?!“,** dazu noch Ihr ständiger Wunsch nach richtiger Mülltrennung und Fairtrade-Kaffee, das kann dem Dauercamper lästig werden. Für Sie heißt es wieder einmal **#LOCKERBLEIBEN**! Der Klügere gibt nach, deshalb überlassen Sie dem Dauercamper einfach seinen

Lieblingsplatz im Waschhaus oder die letzten Brötchen in der Brötchenliste.
Sollte der Dauercamper Ihren Rücktritt von der Brötchenliste mitbekommen, wird er Ihr Freund fürs Leben werden! Er wird Ihnen ungefragt den Stellplatz fegen und Sie mit Bier und selbst gekochten Nudeln versorgen.

PROFI-TIPP: FALLS SIE DIESES PLATZVERHALTEN TROTZ IHRER RELAXTEN ART MAL AUS DER RUHE BRINGEN SOLLTE, DANN HILFT AUCH HIER: TIEF DURCHATMEN UND DREI MAL STILL ZU SICH SAGEN: „FÜR ALLES GIBT ES EINEN FILTER."

#ESSENAUFRÄDERN – EINFÜHRUNG IN DIE BORDKÜCHE

DIE ÖRTLICHE KÜCHE (s. #EATSLEEPDRIVE-REPEAT) ist nicht jedermanns Geschmack. Muss sie auch gar nicht (s. #LOCKERBLEIBEN); erinnern Sie sich, Sie haben ja einen Van (da greifen wohl schon die sechs Vergesslichkeiten, was?) und damit vermutlich auch eine wunderbar-schnuckelige Bordküche immer dabei. Bus reimt sich nicht ohne Grund auf Genuss. Hier ist mit wenigen Handgriffen immer flott was Feines gezaubert bzw. schnell zusammengekloppt – je nach Talent.

Man muss aber kein Sternekoch sein, um mit wenigen Mitteln etwas Köstliches und – viel wichtiger: Fotogenes (s. #INSTAGRAM) – zu kochen. Die Zutaten sind das Geheimnis. Auf jeden Fall finden sich überall entzückende kleine Bauernhofläden, wo eine oder ein echte/r ebenso wundervoll-authentische/r wie liebeswerte/r südländische/r Bauerntochter/-sohn Ihnen tagesfrische regionale und ignoranten Großstädtern unbekannte Landprodukte feilbietet. Dann wird sie/er Sie vermutlich in ein bezauberndes Gespräch mit hinreißenden Anekdoten verwickeln und dabei beschämend oft Ihre

ABSOLUT AKZENTFREIE Aussprache loben, sie dann auf ein oder zwei Glas Rotwein (aus der hauseigenen Winzerei mit 500-jähriger Geschichte) zum Verweilen einladen, um Sie dann am liebsten gleich zu adoptieren oder zu heiraten oder *zwinker zwinker*. So und nicht anders wird es passieren.

Hier trotzdem noch einige Einsteigergerichte für Aussteiger:

- **Pfannkuchen** (die vegane Variante versteht sich)
- **Tomatensuppe**
- **Äpfel**

#ITSRAININGFUN – EIN BISSCHEN SPASS BUS SEIN

KLOPF, KLOPF! WER DA? Ach herrje, das ist … der REGEN!

Haha, ja nun wundern Sie sich. Aber auch der ist Teil dieser sogenannten Natur da draußen. Also, bleiben Sie drin. Im Bus. Das ist nämlich nicht schlimm – das ist die CHANCE! Orkan, Taifun, Hurrikan, Donner, Blitz, Schnee, Hagel und Graupel – all das sind für den echten VanLifer nichts anderes als meteorologische Fachbegriffe für SPASS!

Glauben Sie nicht? Wohl! Wichtig ist nur, dass Sie immer top vorbereitet sind. Mit diesen Tipps wird schwuppdiwupp aus jedem Sturmtief ein Stimmungshoch:

- **MACHEN SIE SICH EIN INSTRUMENT GEFÜGIG.** Trompete, Ukulele, Drumset aus Geschirr? Hau rein, Ringo! *(Für Alleinreisende!)*
- **LERNEN SIE BEATBOXEN.** Wer weiß schon, wann es wieder hipp wird? Anfängerhilfe: Sagen Sie schnellstmöglich „Putz die Katz“ mehrmals hintereinander und schon haben Sie Ihren ersten Beat! *(Für Alleinreisende!)*

AUSGIEBIGE KÖRPERHYGIENE. Was juckt denn da? Na, schauen Sie doch nach. *(Für Alleinreisende!)*

WIR BAUEN UNS EINEN ZOO! Sie werden überrascht sein, wer – und was zum Teufel!? – da alles noch im Bus rumkrabbelt. *(Für Alleinreisende!)*

BETEN! Warum denn nicht? Könnte helfen. *(Für Gruppenreisende)*

#GRUNDWORTSCHATZ – DO YOU SPEAK VANLIFE?

AN BORD WIE VOR ORT ist gute Kommunikation das A und das O. Hier ein paar Tipps, wie Sie immer gut ankommen (**#ZWEIDEUTIG**)!

Viele, die das unabhängige VanLife *lifen*, sind international *underways*. Am besten üben Sie schon einmal einen britischen oder amerikanischen Akzent ein, denn das kommt *pigmäßig* cool, wenn sie Deutsch sprechen. Bauen Sie dabei auch immer mal wieder englische Begriffe in *german words* ein. Das kommt beim Smalltalk *very interesting* rüber. Am besten merken Sie sich auch gleich die englischen Begriffe „Wrench“ (Schraubenschlüssel) und „Oil Leak“ (Ölschaden). Diese Wörter können auch echt coole Statement-Tattoos sein, vor allem, wenn sie an den richtigen Körperstellen platziert sind.

Den wichtigsten Satz, um Ihren VanLife-Trip zu überstehen, haben wir Ihnen hier gleich in mehrere Sprachen übersetzt. Wenn Sie ihn auswendig lernen, dann sollten Sie wirklich keine Probleme mit der Community oder im Ausland haben.

Also los geht’s …

LEKTION EINS VON EINS:

„Haben Sie Ersatzglühbirnen für meine Lichterkette?“

Englisch: *„Do you have replacement light bulbs for my fairy lights?"*

Schwedisch: *„Har du ersättningslampor för mina ljuskällor?"*

Bulgarisch: „имате ли резервни крушки за моите приказни светлини?“

Punjabi: „ਕੀ ਤੁਹਾਡੇ ਕੋਲ ਮੇਰੀ ਪਰੀ ਲਾਈਟਾਂ ਲਈ ਬਦਲੇ ਲਾਈਟ ਬਲਬ ਹਨ?"

#INSTAGRAM – DER NEID FÄHRT MIT!

SIE KÖNNEN DEM REST DER WELT entfliehen, aber der Rest der Welt sollte Ihnen schon dabei zuschauen.

Im VanLife sind **OUTDOOR** und **ONLINE** unentflechtbar miteinander verwoben. Versuchen Sie es gar nicht erst anders.

VanLife wird erst so richtig schön durch den **Neid der Daheimgebliebenen** und Instagram ist hier Ihre Waffe der Wahl: Sonnenaufgänge, Sonnenuntergänge, Sonnenhut, Sonnenbrand, Füße in Hängematten, dampfende Kaffeetasse am Strand, Lichterkette im Van, Lichterkette am Hals, Lichterkette am Strand und Lichterkette von Braunbär geklaut (s. **#LICHTERKETTE**) – all das ist 100.000-mal fotografiert worden, aber – und das ist der Punkt – noch nicht von Ihnen!

VanLife ist nicht nur ein **LifeStyle**, es ist auch ein **Business-Modell**. Mit guten Werbeverträgen können Sie ganz nebenbei gutes Geld verdienen, zum Beispiel für den nächsten Werkstattbesuch (s. **#MYVANISMYCASTLE**).

PROFI-TIPP: HINTER DEM STEUER IST VOR DER STEUER! DIE BEIM FINANZAMT HABEN AUCH INSTAGRAM.

Machen Sie Fotos, als hinge Ihr verdammtes Leben davon ab! Meist ist nur eins von 100 Fotos so gut, dass es die Realität so stark verzerren kann, um Ihr VanLife als traumhafte Astralreise darzustellen.

Sollten Sie sogar selber fotogen sein (es gibt mittlerweile sehr gute Filter!), umso besser. Zeigen Sie sich immer in Ihrer ganzen Relaxtheit (s. **#LOCKERBLEIBEN**).

Können Sie einen Handstand? Dann machen Sie um Himmelswillen ein Foto davon!

Wichtig ist auch die Wahl des richtigen Hashtags, um den Bildinhalt wirklich zweifelsfrei als super und begehrenswert zu klassifizieren.
Hier einige bewährte Hashtags, die Follower anziehen wie Ihr Handylicht die Mücken in der Dämmerung!

#FREEDOM #CRAZY #LICHTERKETTE

#WOW #YEAH #PURENATURE

#THATSLIFE #FREE #NOTOILET

#GOODLIFE #LAPPANVERLAG

#VANSDAY – EIN ECHTER VANLIFE-TAG

IM VANLIFE GIBT ES ALLES, nur keine Routinen und keinen Alltag. Wie auch? Es ist ein totales Freigeistleben, ein unverbindliches Treibenlassen in jeden Tag hinein, in immer neue unberechenbare Abenteuer – fern jeder starren Konvention und absolut frei von Zwängen. Aber was es dann doch gibt, sind die klassischen Tagesabläufe. Nennen wir sie einfach „ROUTINEN“ und „ALLTAG“. Wir zeigen Ihnen hier, was Sie typischerweise so erwartet.

1. AUFSTEHEN

Ein neuer Tag. Hurra! Sie werden von den ersten Sonnenstrahlen wach geküsst. Der süße Lavendelduft der Provence, das kräuselige Rauschen der Atlantikgischt, das Klingeling von niedlichen kleinen Glöckchen an niedlichen kleinen Hälsen von niedlichen kleinen Lämmern. Es wird herrlich und ganz toll.

2. AKTION!!! VOLLGAS!!! SCHNELL!

Die Morgensonne ist das beste Licht (#INSTACONTENT), das weiß man doch. Die schmeichelnde

Bühnenbeleuchtung für den großen Star: Sie! Gegen 6:30 h öffnet sich ein Zeitfenster von gut 25 Minuten – das es gilt mit Dutzenden Fotos zu füllen. Im Licht. Gegens Licht. Mit Yoga. Oder Pilates. Oder was als Nächstes eben Trend ist. Arme oben. Arme unten. Hände in der Sonne. Kaffee in der Hand. Füße oben. Füße im Wasser. Sonne im Wasser. Füße im Kaffee. Ja, es ist nicht einfach.

3. DIES UND DAS

So, Ruhe. Zeit für Sie. Und das heißt: Instagram. Bildbearbeitung, Retusche und Upload. Kommentieren und Kommentare checken.

4. VANLIFE, WIE MAN ES SICH VORSTELLT

Zum späten Nachmittag wäre die Zeit für kleine Abenteuer und Entdeckungen. Zum Beispiel den Rost am Radkasten. Der war doch gestern noch nicht da? Aber dann:

5. AKTION!!! VOLLGAS!!! ZACK-ZACK!

Die Abendsonne ist das beste Licht, das weiß man doch. Die schmeichelnde Bühnenbeleuchtung für den großen Star: Sie! Gegen 18:30 h öffnet sich ein Zeitfenster von gut 25 Minuten – das es gilt mit Dutzenden Fotos zu füllen. Im Licht. Gegens Licht. Mit Yoga. Oder Pilates. Oder was als Nächstes eben Trend ist. Arme oben. Arme unten. Hände in der Sonne. Craftbeer in der Hand. Füße oben. Füße im Wasser. Sonne im Wasser. Füße im Craftbeer. Ja, es ist nicht einfach.

6. GUTE NACHT

Augen zu. Lichterkette an. Morgen ist ein neuer Tag. Was er wohl bringen mag?

#STYLELIFE – DRESSCODE „FLIP-FLOPS"

VANLIFE IST EIN LIFESTYLE. Mit der Betonung auf STYLE! Um jedwede Verwechslung gleich im Keim zu ersticken, gilt es, sich von anderen Campern *(buh!)* auch optisch unmissverständlich zu differenzieren. Das ist sehr wichtig! Da darf man sich also keine Schlappen leisten – außer **Flip-Flops** natürlich. Die sind ein Muss.

Ebenso wie: **Bikini und Badehose** – das sollte ab zweistelligen Temperaturen ihr Outfit der Wahl sein. Die Vorteile sind endlos: Je mehr nackte Haut, je mehr Follower (**#FOLLOWERLOVE**), die kleinen Fetzen sparen wertvollen Stauraum im Van, man kann auch ruhig mal kleckern (#**HAFERMILCH**) und nichts verstopft Ihre nicht vorhandene Waschmaschine.

Nun ist es verwirrenderweise aber so, dass das Geile an Bikini und Badehose eben nicht Bikini und Badehose sind – sondern der Körper, der da in den Sachen drin steckt. Alarm! Die große Gefahr ist, dass Sie aussehen könnten wie einer dieser Camper *(buh!)*.

VanLife ist eben nicht nur Geistes-, sondern viel mehr noch: Körperhaltung. Machen Sie sich fit für VanLife, indem Sie sich fit machen. Heute noch. Ihr neues Ich braucht nicht den alten Körper. Pumpen, Laufen, Radfahren. Evtl. gefällt es Ihnen sogar. Dann brauchen Sie nicht mal mehr einen Van.

PROFI-FASHION-TIPP: BADEMANTEL!
DA SIE JA EH FRÜHER ODER SPÄTER MAL EINE NACHT IM HOTEL VERBRINGEN WERDEN (IST JA AUCH URLAUB!), „LEIHEN" SIE SICH DEN DORT EINFACH. DERART EINGEKUSCHELT UND MIT DAMPFENDEM KAFFEE IN DER HAND IM SONNENAUFGANG – DAS IST DAS FOTO, DAS DIE KLICKS BRINGT!

#SELFMADE – EIN VANLIFE DAUERT 52 WOCHEN

WIE SIE SPÄTESTENS SEIT dem Kapitel #WHOISWHO wissen, gibt es VanLifer, die das ganze Jahr über irgendwo in und mit ihrem Bus verbringen. Eine beneidenswerte Vorstellung. Doch von den Für-immer-unterwegs-VanLifern soll in diesem Kapitel nicht die Rede sein. Es gibt ja auch noch die, die arbeiten. Und zwar an ihrem Van!

Als echter VanLifer verfolgen Sie einen sehr individuellen Lebensstil, der sollte sich vor allem in Ihren möglichst individuellen Reisezielen (#UNIQUE) und der möglichst höchst individuellen Gestaltung ihres Vans äußern. Das heißt, auch wenn Sie nur drei Wochen im Jahr mit dem Bus unterwegs sind, dann sollten Sie die restlichen 49 Wochen damit beschäftigt sein, ihn zu verschönern und verbessern. Und das beginnt selbstverständlich mit der Auswahl der Lichterkette (s. #LICHTERKETTE) und endet bei den Mustern Ihrer Vorhänge.

PROFI-TIPP: IHR VAN-DESIGN SETZT STATEMENTS!

Regenbogenfarben, die Zuneigung zu Ihrem Lieblingsverein, politische Vorlieben oder einfach nur der Hang zu Trash und Kitsch können zum Ausdruck gebracht werden.

Allerdings sollten Sie aufgrund des Wiederverkaufspreises bei neueren Modellen davon absehen, diese mit Blumen und Peace-Zeichen zu bemalen. Auf alten Bussen machen sie sich dagegen gut und können den Verkaufspreis sogar erhöhen!

Achten Sie bei Ihren Umbauarbeiten aber auch auf die inneren Werte! Welches Chemieklo ist das beste? Benötige ich eine Spülmaschine? Dusche ich drinnen oder draußen am Bus? Koche ich im Bus nur Kaffee für meine Instagram-Follower (#ALWAYSFAIRTRADE) oder gern auch mal ein Dreigängemenü?
Und das sind nur die Oberflächlichkeiten. Das wirklich Wichtige ist nämlich die Wahl der richtigen Schlafmöglichkeit. Eine richtige Matratze im Heck? Dach aufschweißen und Alkoven einbauen oder doch einfach nur Schlafsack unterm Wagen? Mit all diesen Fragen kann man sich 30 bis 40 Wochen im Jahr beschäftigen, bevor man dann in Windeseile die restlichen Wochen vor dem eigentlichen Urlaub nutzt, die Vorhaben auch tatsächlich umzusetzen.

PROFI-TIPP: IST IHR VAN NUR GELIEHEN, DANN SEHEN SIE BITTE UNBEDINGT VON EINER INDIVIDUALISIERUNG AB.

#FINDYOURSELF – UNTERWEGS INS NIRVANA

VANLIFE IST SELBSTVERSTÄNDLICH nur vordergründig eine Fahrt zu den schönsten Stränden und eine Suche nach den saubersten Campingtoiletten – es ist viel mehr als das! Im Idealfall ist VanLife nämlich ein großer TRIP INS INNERE, eine Weltreise zu sich selbst, eine Expedition ins Ich. Hin zur Besinnung, ja, zur Erleuchtung (s. **#LICHTERKETTE**). Und seien Sie ehrlich! Genau da wollen Sie doch eigentlich hin.

Das Gute ist, diese Art Reise lässt sich selbst mit modernsten Smartphones nicht wirklich gut fotografieren (s. **#INSTAGRAM**). **Sie haben also die Hände und – viel wichtiger! – den Kopf frei.**

Lassen Sie alles hinter sich und schon geht es los: Sechs Stufen sind dabei zu unterscheiden.
VanLifer sprechen hier von den **„Sechs Vergesslichkeiten“.**
Sie dienen Ihnen als kleiner Fahrplan und weisen darauf hin, welche Stufe der inneren Entspanntheit und Selbstfindung Sie bereits erreicht haben:

1. **Stufe: Welcher Wochentag ist eigentlich heute?**
2. **Stufe: Wo sind wir hier eigentlich?**
3. **Stufe: Was ganz genau ist eigentlich Hafermilch?**
4. **Stufe: Wie krieg ich den ganzen Sand bloß aus dem Auto?**
5. **Stufe: Wer bin ich?/Wer war ich?**
6. **Stufe: Hä, was?!?!**

#FAMOUSLASTWORDS – GUTE REISE!

SIE HABEN DAS BUCH bis hierhin gelesen? Sie wollen immer noch Ihr VanLife beginnen? Super, denn Sie dürften jetzt bestens vorbereitet sein. Gehen Sie noch mal begehrenswerte Posen und Orte im Kopf durch, notieren Sie die wichtigsten Hashtags und lassen Sie Ihren VanBuddy ggf. noch ein paar Gewichte heben.
Wir wünschen Ihnen eine gute Reise. Und allzeit eine Handbreit Benzin im Tank.
In diesem Sinne: **GUTE FAHRT!**

KAI FLEMMING

Der Hamburger Cartoonist und Werbetexter wurde 1964 mitten in die Epoche des VW T1 hineingeboren. Er musste seine Kindheit auf einem Dauercampingplatz an der Ostsee verbringen. Um sich von diesem Trauma zu befreien, trampte er auf seiner ersten Reise bis nach Griechenland und versuchte es danach auch mal mit geliehenen Wohnmobilen.

CORDT HOBB

Sein erstes Wohnmobil bekam er mit vier Jahren (Playmobil); es folgten unzählige Entdeckungstouren durch die elterliche Wohnung, dann: Geografie-Studium, Führerscheinprüfung und Fahrten in die Welt hinaus. Er lebt mit seiner Frau und zwei Kindern in Hamburg – und überall, wo man gut parken kann.

Unser Versprechen für mehr Nachhaltigkeit

- Klimaneutrales Produkt
- Farben auf pflanzlicher Basis
- FSC®-zertifiziertes Papier
- Hergestellt in Europa

1. Auflage 2021
– Originalausgabe –
ISBN 978-3-8303-3611-2

Text: Cordt Hobb
Alle Illustrationen und Texte auf den Seiten 50, 57, 64, 71, 89: Kai Flemming
Lektorat | Redaktion: Jana Legal
Layout | Herstellung: Monika Swirski
Covergestaltung: Ulrike Boekhoff